Charikleia and I dedicate this book to each other. We
but like the cousins in the story, we live in different c

Copyright © 2020 Elisavet Arkolaki, Charikleia Ark

Translated into Ukrainian by Tanya Pavlenko.

All rights reserved.

For permission requests and supplementary teaching material, please write to the publisher at liza@maltamum.com www.maltamum.com

ISBN 9798543848586

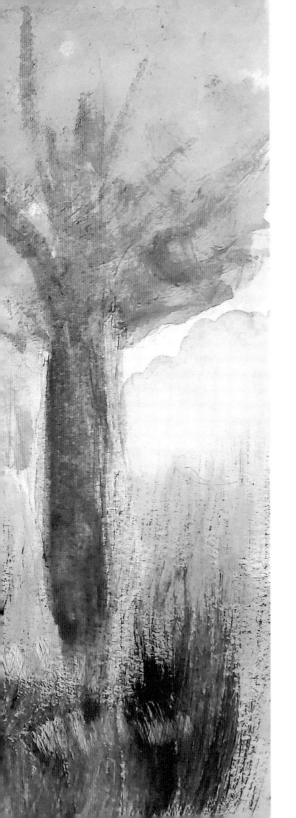

My cousin and I look alike. My aunt and uncle say we look like siblings. My mommy and daddy say we look like siblings. My grandma and grandpa, the whole family, even our friends, say we look like siblings. More like twin sisters actually, like our mothers did when they were children.

Я і моя кузина схожі одна на одну. Моя тітка і дядько кажуть, що ми як сестри. Моя мама і тато кажуть, що ми як сестри. Моя бабуся і дідусь, вся сім'я і навіть наші друзі кажуть, що ми як сестри. Насправді, навіть як сестри-близнючки, прямо як наші матері в дитинстві.

When we were little, we lived next door to each other. To see her, all I had to do was cross the tall grass in front of our house, open the gate and enter her garden. We met every day and played all sorts of games. She was my neighbor and best friend. But then she moved.

Коли ми були маленькими, ми жили по сусідству. Все що мені треба було, щоб побачити свою кузину, це перейти через високу траву перед нашим будинком, відкрити ворота, і увійти в її садок. Ми зустрічались кожного дня і грали у безліч ігор. Вона була моєю сусідкою і найкращою подругою. Однак, потім вона переїхала.

Now she lives in a faraway land, and I miss her so much. Mommy said to try and find something positive no matter the circumstances. There's always something to be grateful for. And so I did. My cousin and I are very lucky. Despite the distance between us, we can still talk, play, and see each other often via video chat. We talk about everything!

Зараз вона живе в далекій країні, і я за нею дуже сумую. Матуся сказала спробувати знайти щось позитивне незважаючи на обставини. Завжди є щось, за що треба бути вдячним. Так я і зробила. Моїй кузині і мені дуже пощастило. Незважаючи на відстань між нами, ми все ж можемо часто розмовляти, гратися і бачити одна одну завдяки відеочату. Ми говоримо про все на світі!

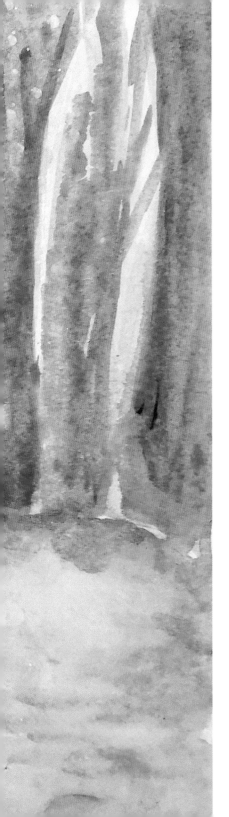

The last time we met online, she told me that it's winter and very cold there. Everything is covered in snow. She snowboards, skis, and goes ice skating with her new friends.

Останнього разу, коли ми бачились онлайн, вона розповіла мені, що в неї зараз зима і дуже холодно. Все вкрите снігом. Вона катається на сноуборді, лижах, і ковзанах зі своїми новими друзями.

I told her that it's summer and very hot here.

Я розповіла кузині, що тут літо і дуже спекотно.

I swim and snorkel every day with our old friends, and we watch the most beautiful fish underwater.

Я плаваю і займаюсь снорклінгом кожного дня з нашими старими добрими друзями і ми спостерігаємо за найкрасивішими підводними рибками.

Then, we spoke about animals. She said mammals with fur white as snow live in the northern part of her country: polar bears, arctic foxes, seals.

Потім ми розмовляли про тварин. Вона сказала, що на півночі її країни живуть ссавці з білим як сніг хутром: полярні ведмеді, арктичні лисиці та тюлені.

I had hoped she would also talk about monkeys, but it turns out they don't live there at all!

Я сподівалась, що вона також розповість про мавп, та виявилось, що вони взагалі там не водяться.

She also asked about her pet which stayed behind with me. I answered that her cat is in very good hands and gets lots of cuddles and kisses.

Вона також запитала про свого домашнього улюбленця, який залишився зі мною. Я відповіла, що її кіт залишився в прекрасних руках і отримує купу обіймів і поцілунків.

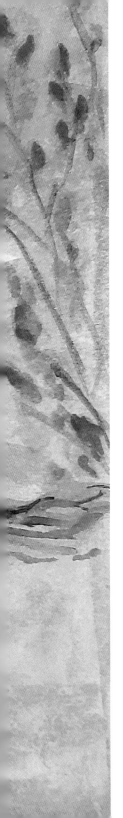

And I still go to the park on Sundays,
and feed the ducks we both love
so much.

І я досі ще ходжу до парку по
неділях і годую качок, яких ми
обоє так любимо.

Then, my cousin used some foreign words, and in an accent, I didn't recognize. I felt confused. She said she couldn't remember how to say "mountain", "rocks", and "river", and that she now talks more in her father's language.

Потім моя кузина використала кілька іноземних слів з акцентом, який я не впізнала. Я була спантеличена. Вона сказала, що не могла згадати, як сказати "гора", "камінь" і "річка", і що зараз вона більше розмовляє своєю рідною мовою.

She explained that sometimes it's hard for her to find the right words in our language. I told her I understand. I'm also learning another language at school, and it should be fun to compare words from our different languages.

Вона пояснила що іноді їй важко підібрати правильні словами нашою мовою. Я сказала їй, що повністю її розумію. Я також вивчаю іноземну мову в школі, і має бути весело порівнювати слова з наших різних мов.

That is how we came up with the "Word Swap" painting game. My cousin painted a cactus, and then both of us said the word out loud. "Cactus" sounds the same in all our languages!

Ось як нам спала на думку ідея з грою-мальованкою під назвою "Обмін Словами". Моя кузина намалювала кактус і потім ми обидві сказали це слово вголос. Кактус прозвучав однаково на всіх наших мовах!

Her parents overheard us and joined the conversation. My aunt is a linguist and she told us that there are currently over 7,000 known spoken languages around the world! My uncle is a language teacher and he challenged us to swap a couple more words. We kept on going for a while with words like "flower", "water", "love", and "friendship".

Її батьки почули нас і приєднались до розмови. Моя тітка – лінгвіст, і вона розповіла нам, що на сьогодні відомо більш ніж 7000 розмовних мов по всьому світу! А мій дядько, вчитель іноземних мов, запропонував нам обмінятися ще кількома словами. Ми довго продовжували гру з такими словами як "квітка", "вода", "любов" і "дружба".

Next time we video chat,
I will share this painting
I made for her. I would like to
swap the word "home".

Наступного разу, коли ми
зідзвонимось через
відеочат, я покажу їй цю
картину, яку я для неї
намалювала. Я б хотіла
обмінятись словом "дім".

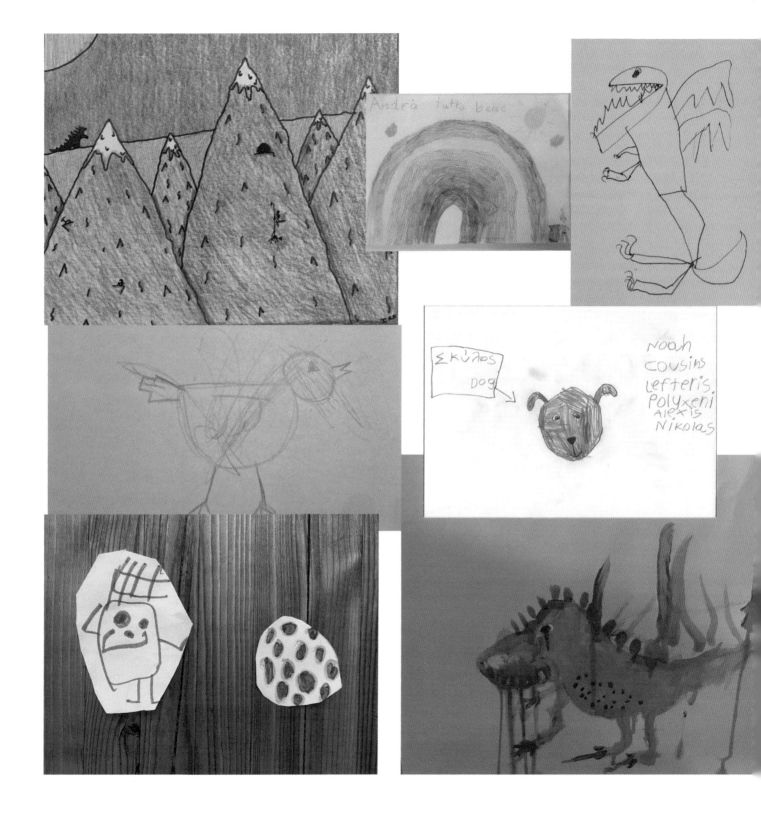

The Word Swap Game - Meet the children!

Erik, Nelly, Iason, Iria, Sadiq, Tariq, Vincent, Rukeiya, Lea, Hector, Victor, Orestis, Odysseas, Noah, Polyxeni, Lefteris, Alexis, Nikolas, Iahn, Chloe, Ioli, Rea, Nicolas, Sveva, Giuseppe, Zafiris, Dimitris, Periklis, Vaggelis, Andrea, Zaira, Philippos, Nefeli, Baby, George, Emmanuela, Mason, Ethan, Elijah, Oliver, Athina, Apolonas, Alexandros, John, Martina, Steffy, Thanos, Nikolai, Areti, Nikolai, Nina, Nicol, Joni, Mia, Emma, Stella, Artemis, Mirto, Antonis, Nicolas, Mihalis, Katerina, Nikos, Alexis, Liam, Olivia, Noah, William, Ava, Jacob, Isabella, Patricia, Hannah, Matthew, Ashley, Samantha, Maureen, Leanne, Kimberly, David, Marie, Vasilis, Yiannis, Kyra, Joakim, Alexander, Nikolas, Ellie, Sebastian, Sophie, Sabina, Stepan, Vasilis, Yiannis, Kyra, Youjin, Sejin, Okito, Magdalini, Nicoletta, Efimia, Didi, Bia, Timo, Vittoria.

Unicorn – Ioli
Μονόκερος – Ισάη

Ioli – Unicorn
Iση – Μον...

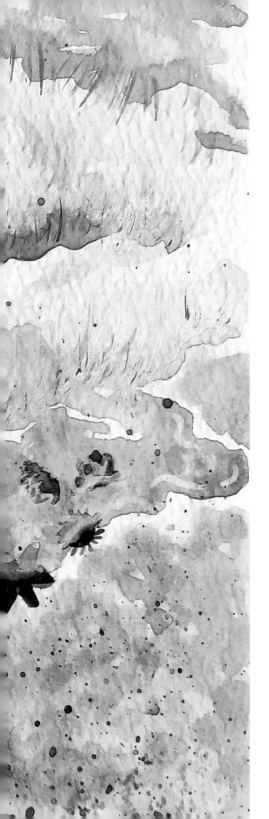

Dear Child,

I hope you enjoyed this story. If you'd also like to play the "Word Swap" game, ask an adult to help you, if needed, to write down your favorite word, and then draw or paint it. Your guardian can send me your painting via email at liza@maltamum.com, and I'll share it with other parents and children in my Facebook group "Elisavet Arkolaki's Behind The Book Club".

Dear Grown-up,

If you feel this book adds value to children's lives, please leave an honest review on Amazon or Goodreads. A shout-out on social media and a tag #CousinsForeverWordSwap would also be nothing short of amazing. Your review will help others discover the book, and encourage me to keep on writing. Visit eepurl.com/dvnij9 for free activities, printables and more.

Forever grateful, thank you!

All my best,
Elisavet Arkolaki

Printed in Great Britain
by Amazon

80207127R00020